şcoală - xue xiao — 2
călătorie - lü xing — 5
transport - jiao tong yun shu — 8
oraş - cheng shi — 10
peisaj - di xing — 14
restaurant - can guan — 17
supermarket - chao shi — 20
băuturi - yin liao — 22
mâncare - shi wu — 23
gospodărie ţărănească - nong chang — 27
casă - fang zi — 31
cameră de zi - ke ting — 33
bucătărie - chu fang — 35
baie - yu shi — 38
camera copiilor - er tong fang — 42
îmbrăcăminte - yi fu — 44
birou - ban gong shi — 49
economie - jing ji — 51
ocupaţii - zhi ye — 53
instrumente - gong ju — 56
instrumente muzicale - yue qi — 57
grădină zoologică - dong wu yuan — 59
sport - ti yu — 62
activităţi - huo dong — 63
familie - jia — 67
corp - shen ti — 68
spital - yi yuan — 72
urgenţă - jin ji qing kuang — 76
pământ - di qiu — 77
ceas - zhong biao — 79
săptămână - zhou — 80
an - nian — 81
forme - xing zhuang — 83
culori - yan se — 84
antonime - fan yi ci — 85
cifre - shu zi — 88
limbi - yu yan — 90
cine/ce/cum - shei / shen me / zen yang — 91
unde - fang wei — 92

AF188401

Impressum
Verlag: BABADADA GmbH, Nedderfeld 112 , 22529 Hamburg
Geschäftsführer / Verlagsleitung: Harald Hof
Druck: Books on Demand GmbH, In de Tarpen 42, 22848 Norderstedt

Imprint
Publisher: BABADADA GmbH, Nedderfeld 112 , 22529 Hamburg, Germany
Managing Director / Publishing direction: Harald Hof
Print: Books on Demand GmbH, In de Tarpen 42, 22848 Norderstedt, Germany

școală

xue xiao

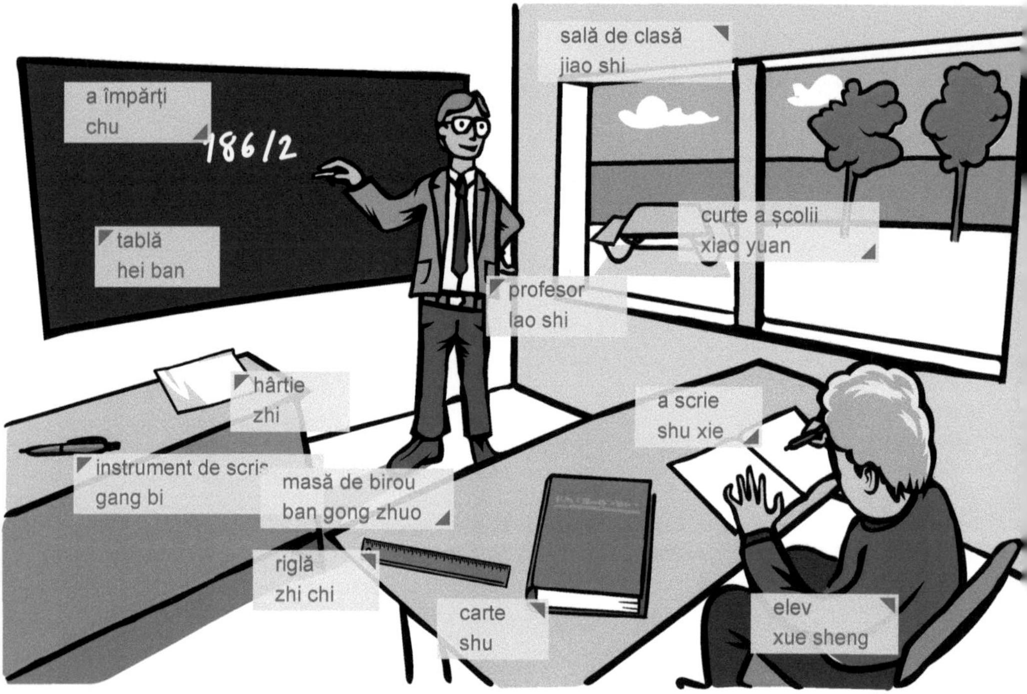

sală de clasă
jiao shi
a împărți
chu
186/2
tablă
hei ban
curte a școlii
xiao yuan
profesor
lao shi
hârtie
zhi
a scrie
shu xie
instrument de scris
gang bi
masă de birou
ban gong zhuo
riglă
zhi chi
carte
shu
elev
xue sheng

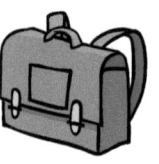

ghiozdan

shu bao

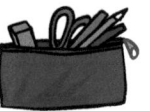

penar

qian bi he

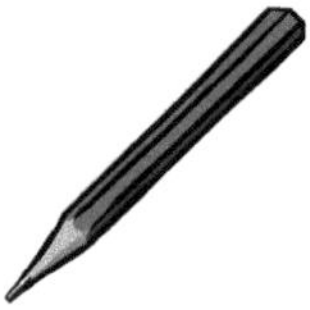

creion

qian bi

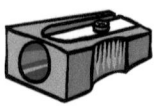

ascuțitoare

juan bi dao

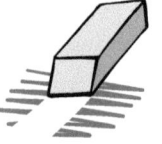

radieră

xiang pi ca

bloc de desen

hua ban

desen

tu hua

pensulă

hua bi

cutie de acuarele

yan liao he

foarfece

jian dao

lipici

jiao shui

caiet de exerciții

lian xi ce

temă

jia ting zuo ye

număr

shu zi

a aduna

jia

a scădea

jian

a multiplica

cheng

a calcula

ji suan

literă

zi mu

alfabet

zi mu biao

cuvânt

zi

text

ke wen

a citi

du

cretă

fen bi

oră

shang ke

catalog

deng ji

examen

kao shi

certificat

zheng shu

uniformă şcolară

xiao fu

educaţie

jiao yu

enciclopedie

bai ke quan shu

universitate

da xue

microscop

xian wei jing

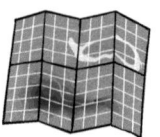

hartă

di tu

coş de gunoi

fei zhi kuang

călătorie
lü xing

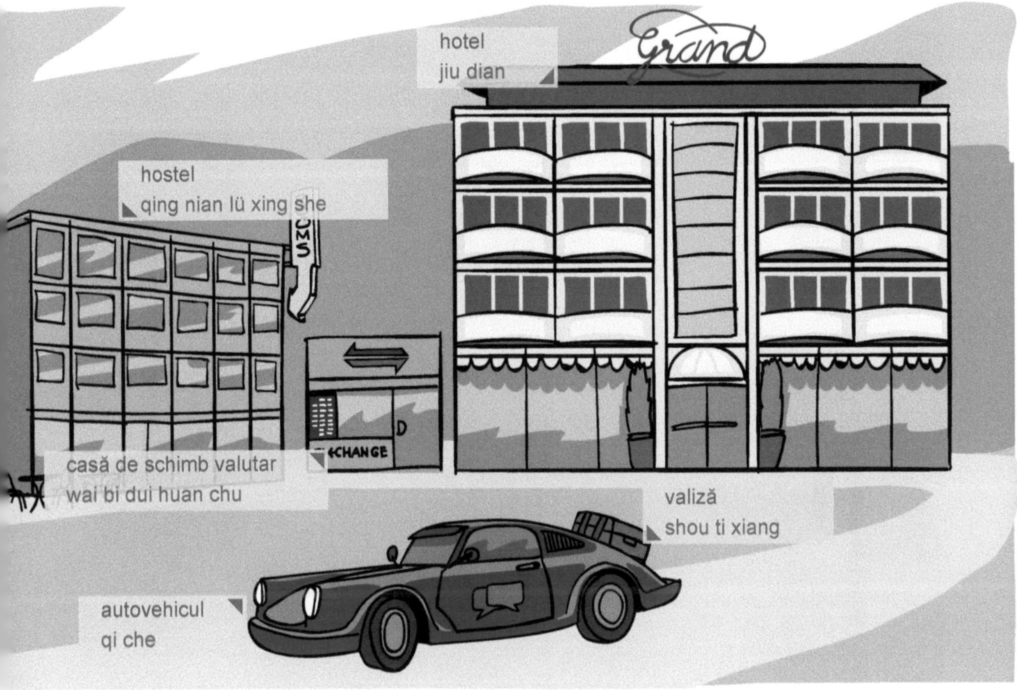
hotel
jiu dian
Grand
hostel
qing nian lü xing she
casă de schimb valutar
wai bi dui huan chu
valiză
shou ti xiang
autovehicul
qi che

limbă

yu yan

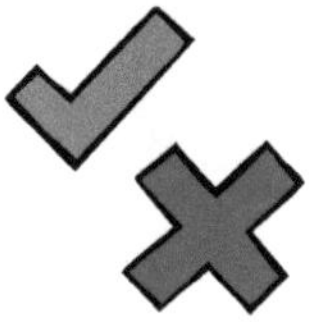

da/nu

shi/fou

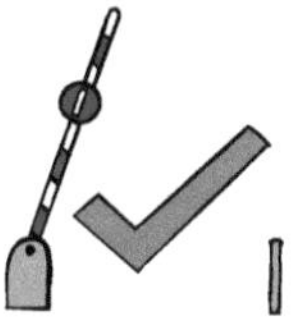

okay

hao de

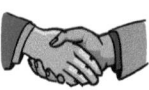

Bună!

nin hao

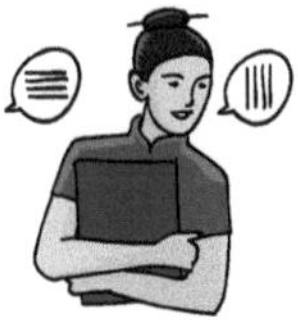

interpret

fan yi yuan

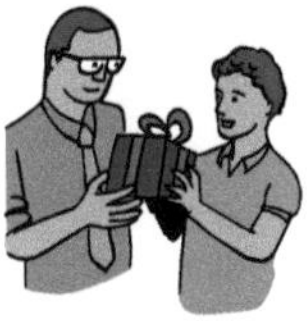

mulțumesc

xie xie

Cât costă...?

......duo shao qian?

Nu înțeleg

wo bu ming bai

problemă

wen ti

Bună seara!

wan shang hao!

Bună dimineața!

zao shang hao!

Noapte bună!

wan an!

la revedere

zai jian

direcție

fang xiang

bagaj

xing li

geantă

bao

rucsac

shuang jian bao

oaspete

ke ren

cameră

fang jian

sac de dormit

shui dai

cort

zhang peng

călătorie - lü xing

unct de informare turistică

lü you xin xi

plajă

hai tan

carte de credit

xin yong ka

mic dejun

zao can

masa de prânz

wu can

cină

wan can

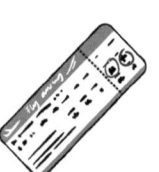

bilet de călătorie

piao

lift

dian ti

timbru poştal

you piao

graniță

bian jie

vamă

hai guan

ambasadă

da shi guan

viză

qian zheng

paşaport

hu zhao

transport
jiao tong yun shu

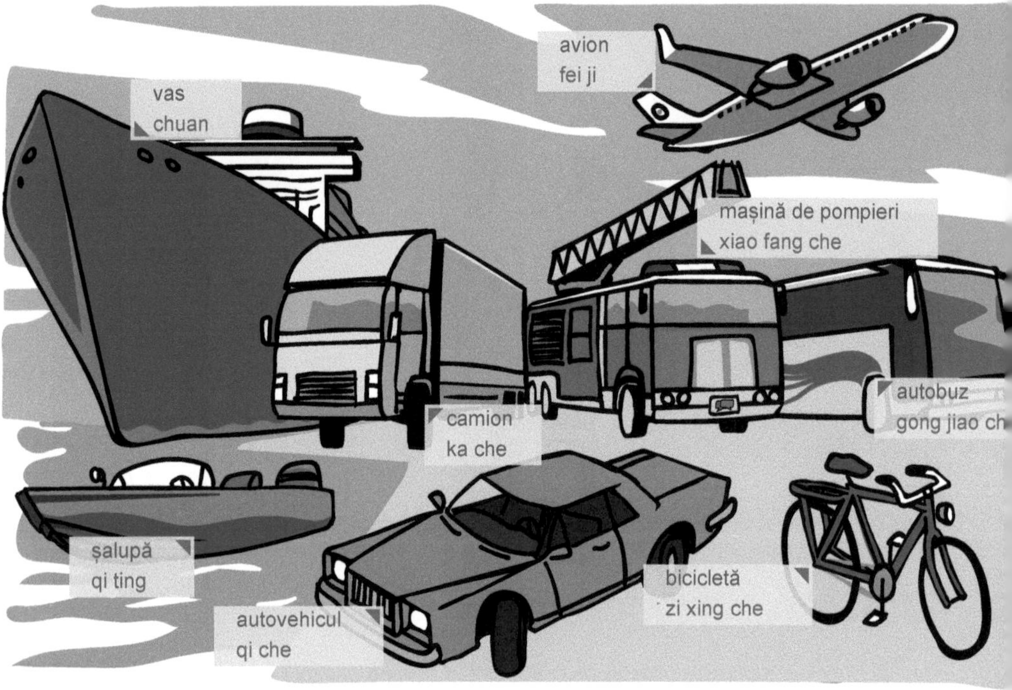
avion
fei ji
vas
chuan
mașină de pompieri
xiao fang che
camion
ka che
autobuz
gong jiao ch
șalupă
qi ting
bicicletă
zi xing che
autovehicul
qi che

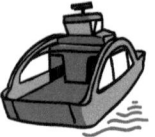

feribot

bai du chuan

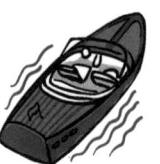

barcă

xiao chuan

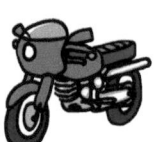

motocicletă

mo tuo che

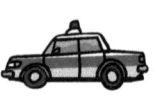

mașină de poliție

jing che

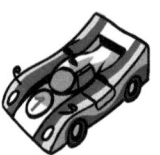

mașină de curse

sai che

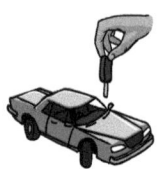

mașină închiriată

zu che

car sharing
pin che

mașină de tractat
tuo che

mașină de gunoi
la ji che

motor
fa dong ji

combustibil
qi you

benzinărie
jia you zhan

semn de circulație
jiao tong biao zhi

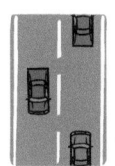

trafic
jiao tong

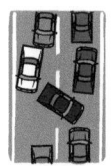

ambuteiaj
jiao tong du sai

parcare
ting che chang

gară
huo che zhan

șine
gui dao

tren
huo che

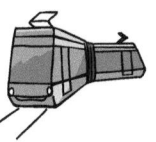

tramvai
dian che

vagon
huo che

elicopter

zhi sheng ji

aeroport

ji chang

turn

ta

pasager

cheng ke

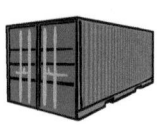

container

ji zhuang xiang

carton

zhi ban xiang

căruță

shou tui che

coș

lan zi

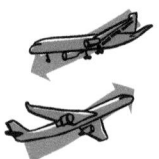

a decola/a ateriza

qi fei/jiang luo

oraș
cheng shi

sat

cun zhuang

centru

shi zhong xin

casă

fang zi

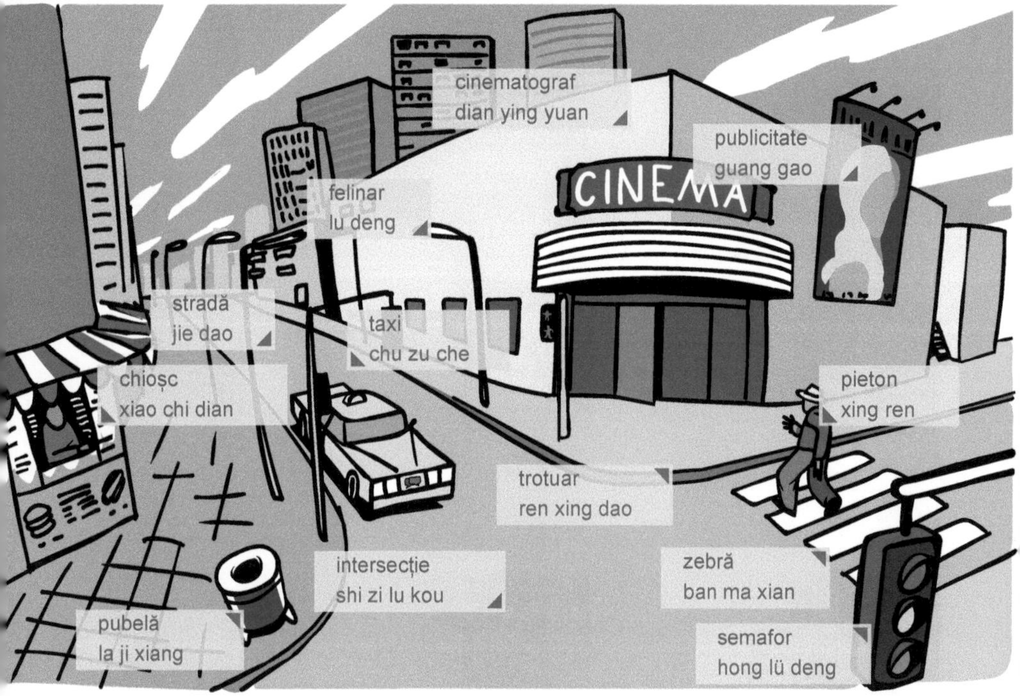
cinematograf
dian ying yuan
CINEMA
publicitate
guang gao
felinar
lu deng
stradă
jie dao
taxi
chu zu che
chioșc
xiao chi dian
pieton
xing ren
trotuar
ren xing dao
intersecție
shi zi lu kou
zebră
ban ma xian
pubelă
la ji xiang
semafor
hong lü deng

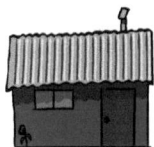

cabană

xiao wu

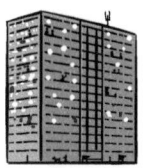

apartament

gong yu

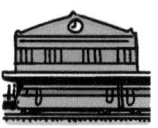

gară

huo che zhan

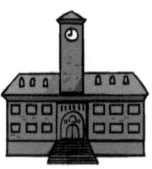

primărie

shi zheng ting

MUSEUM

muzeu

bo wu guan

școală

xue xiao

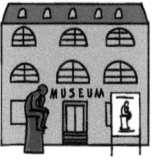

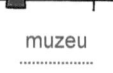

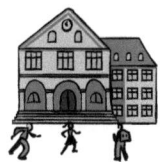

universitate

da xue

bancă

yin hang

spital

yi yuan

hotel

jiu dian

farmacie

yao fang

birou

ban gong shi

librărie

shu dian

magazin

shang dian

florărie

hua dian

supermarket

chao shi

piață

shi chang

magazin universal

bai huo shang dian

comerciant de pește

yu dian

centru comercial

gou wu zhong xin

port

hai gang

parc

gong yuan

bancă

chang deng

pod

qiao

trepte

lou ti

metrou

di tie

tunel

sui dao

stație de autobuz

gong jiao che zhan

bar

jiu ba

restaurant

can guan

cutie poștală

you tong

tăbliță indicatoare cu
numele străzii

lu biao

parcometru

ting che ji shi qi

grădină zoologică

dong wu yuan

piscină

you yong guan

moschee

qing zhen si

gospodărie țărănească

nong chang

poluare

wu ran

cimitir

mu di

biserică

jiao tang

loc de joacă

cao chang

templu

si miao

peisaj

di xing

frunză
shu ye

indicator
zhi shi pai

drum
lu

pajiște
cao di

piatră
shi tou

drumeț
tu bu lü xing zhe

copac
shu

râu
he

iarbă
cao

floare
hua

vale

xia gu

deal

shan

lac

hu

pădure

sen lin

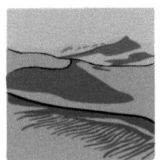

deşert

sha mo

vulcan

huo shan

castel

cheng bao

curcubeu

cai hong

ciupercă

mo gu

palmier

zong lü shu

ţânţar

wen zi

muscă

cang ying

furnică

ma yi

albină

mi feng

păianjen

zhi zhu

gândac

jia chong

broască

qing wa

veveriță

song shu

arici

ci wei

iepure

ye tu

bufniță

mao tou ying

pasăre

niao

lebădă

tian e

porc mistreț

ye zhu

cerb

lu

elan

mi lu

dig

shui ba

turbină eoliană

feng li fa dian ji

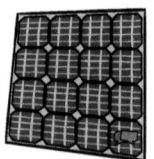

panou solar

tai yang neng dian chi ban

climă

qi hou

peisaj - di xing

restaurant
can guan

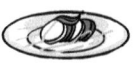

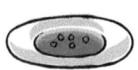

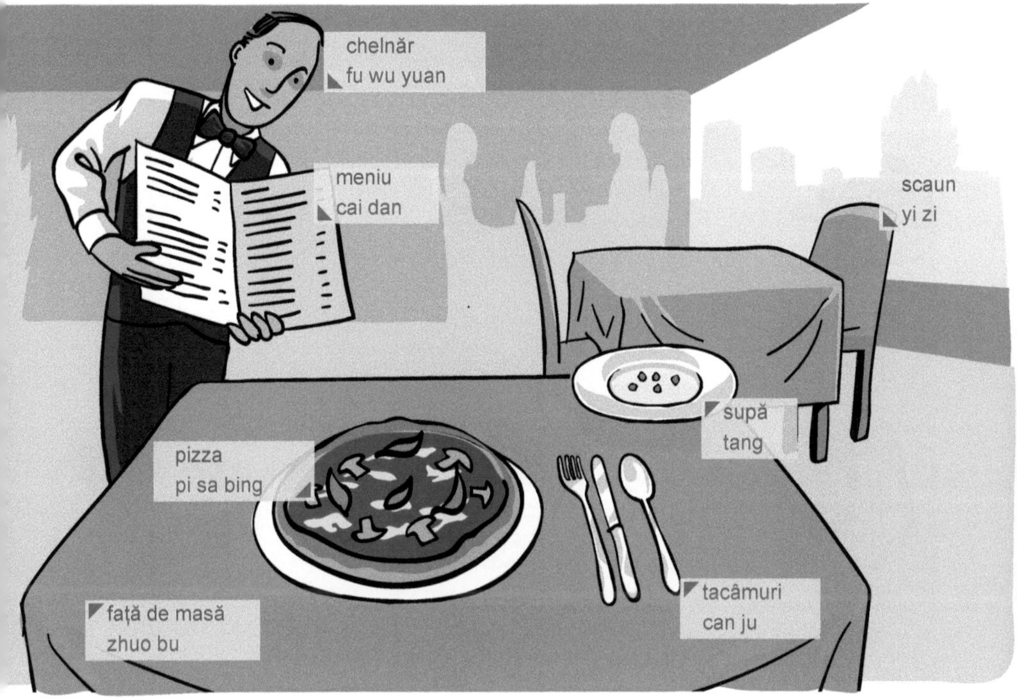
chelnăr
fu wu yuan
meniu
cai dan
scaun
yi zi
supă
tang
pizza
pi sa bing
tacâmuri
can ju
față de masă
zhuo bu

antreu
qian cai

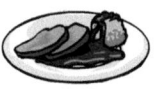

fel principal
zhu cai

desert
tian dian

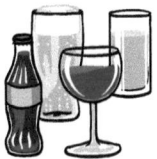

băuturi
yin liao

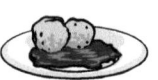

mâncare
shi wu

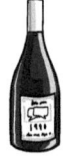

sticlă
ping zi

fastfood

kuai can

streetfood

jie bian xiao chi

ceainic

cha hu

zaharniță

tang he

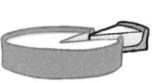

porție

yi fen fan cai

espressor

yi shi ka fei ji

scaun înalt (pentru copii)

gao jiao yi

factură

zhang dan

tavă

tuo pan

cuțit

dao

furculiță

can cha

lingură

shao zi

linguriță

cha chi

șervețel

can jin

pahar

bo li bei

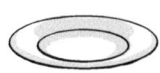

farfurie

die zi

farfurie de supă

tang pan

farfurie

die zi

sos

jiang

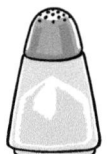

solniță

yan ping

râșniță de piper

hu jiao mo

oțet

cu

ulei

shi yong you

condimente

tiao wei liao

ketchup

fan qie jiang

muștar

jie mo

maioneză

dan huang jiang

supermarket

chao shi

ofertă
te jia
FOR
client
gu ke
produse lactate
ru zhi pin
fructe
shui guo
cărucior de cumpărături
gou wu che

BUTCHERS

măcelărie

rou pu

BAKERY

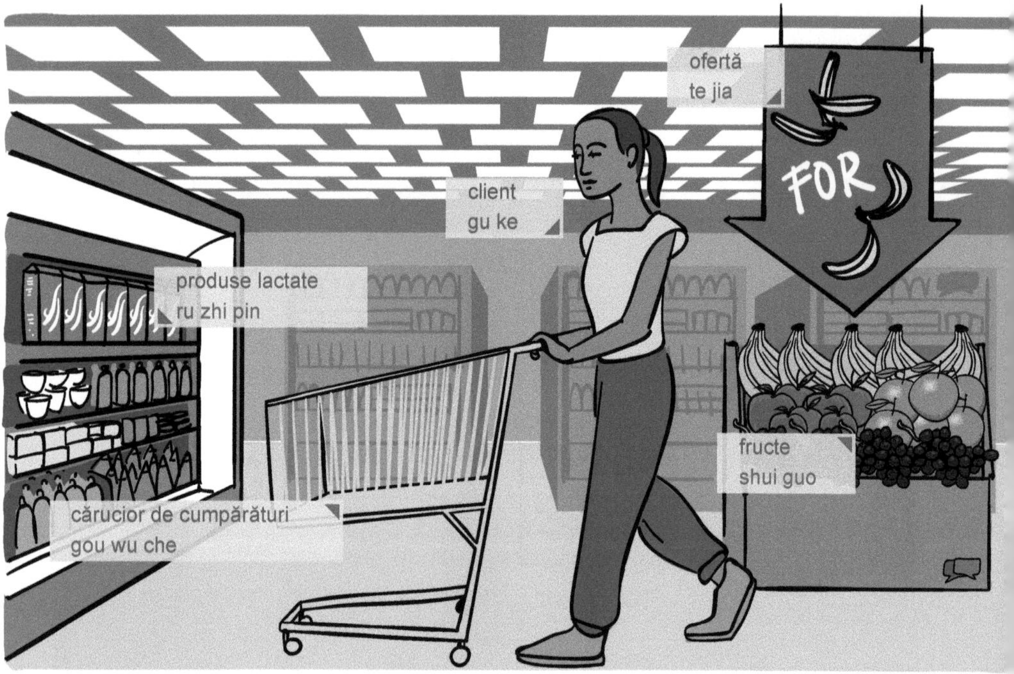

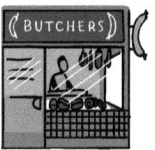

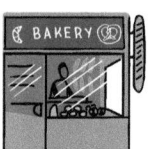

brutărie

mian bao fang

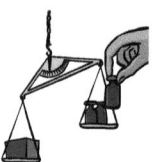

a cântări

cheng zhong

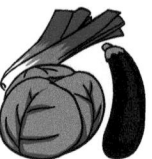

legume

shu cai

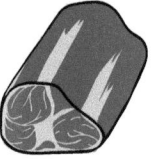

carne

rou

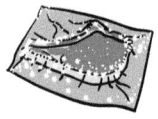

alimente refrigerate

leng dong shi pin

mezeluri și brânzeturi feliate

leng pan

conserve

guan tou shi pin

detergent

xi yi fen

dulciuri

tian shi

articole de menaj

ri yong pin

produse de curățenie

qing jie yong pin

vânzătoare

xiao shou yuan

casă

shou yin ji

casier

shou yin yuan

listă de cumpărături

gou wu qing dan

orar

kai fang shi jian

portmoneu

qian bao

carte de credit

xin yong ka

geantă

dai zi

pungă de plastic

su liao dai

apă

shui

suc

guo zhi

lapte

niu nai

cola

ke le

vin

hong jiu

bere

pi jiu

alcool

jiu

cacao

ke ke

ceai

cha

cafea

ka fei

espresso

yi shi nong suo ka fei

cappucino

ka bu qi nuo

banane

xiang jiao

măr

ping guo

portocală

cheng zi

pepene

xi gua

lămâie

ning meng

morcov

hu luo bo

usturoi

da suan

bambus

zhu zi

ceapă

yang cong

ciupercă

mo gu

nuci

jian guo

paste făinoase

mian tiao

spagheti

yi da li mian tiao

orez

mi fan

salată

sha la

cartofi prăjiți

shu tiao

cartofi țărănești

zha tu dou

pizza

pi sa bing

hamburger

han bao bao

sandwich

san ming zhi

șnițel

zha zhu pai

șuncă

huo tui

salam

sa la mi

cârnați

xiang chang

pui

ji rou

friptură

kao rou

pește

yu

fulgi de ovăz

yan mai pian

musli

mu zi li

cereale

yu mi pian

făină

mian fen

corn

yang jiao mian bao

chifle

mian bao juan

pâine

mian bao

pâine prăjită

kao mian bao

biscuiți

bing gan

unt

huang you

brânză de vaci

ning ru

prăjitură

dan gao

ou

dan

ouă ochiuri

jian dan

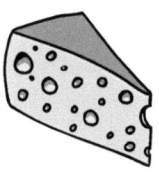

brânză

nai lao

îngheţată

bing ji lin

zahăr

tang

miere

feng mi

marmeladă

guo jiang

cremă nuga

qiao ke li jiang

curry

ga li fan

gospodărie ţărănească
nong chang

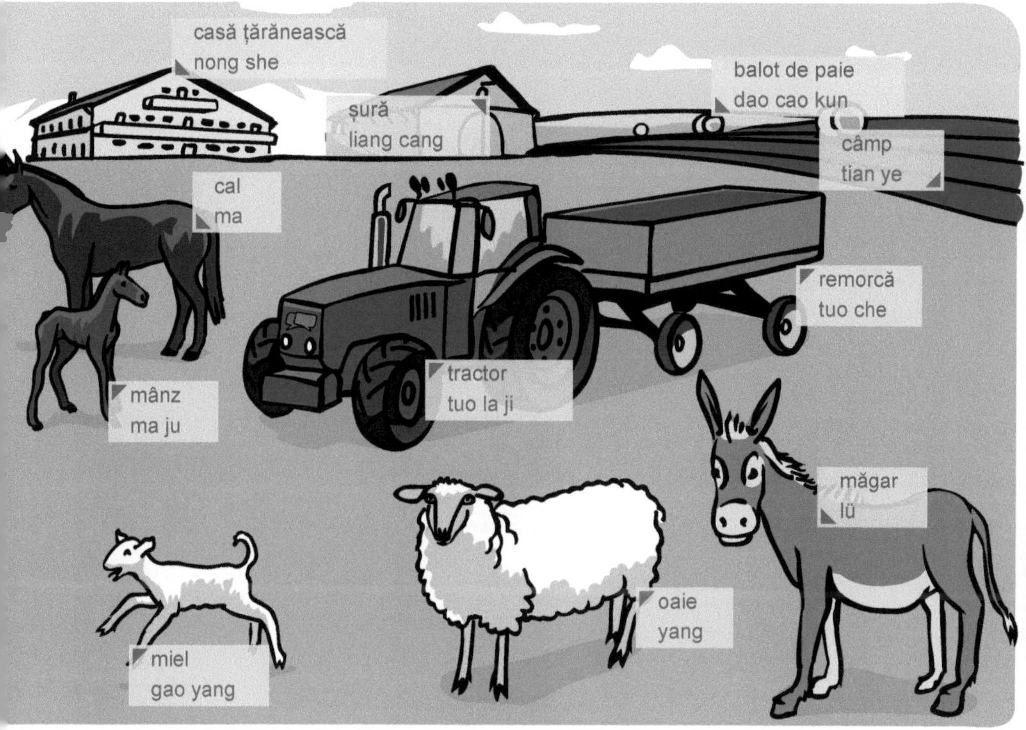
casă ţărănească
nong she
şură
liang cang
balot de paie
dao cao kun
câmp
tian ye
cal
ma
remorcă
tuo che
tractor
tuo la ji
mânz
ma ju
măgar
lü
oaie
yang
miel
gao yang

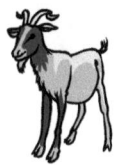

capră

shan yang

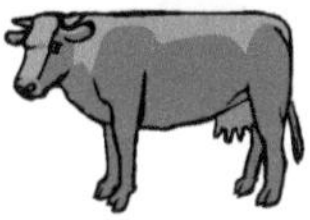

vacă

nai niu

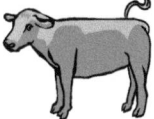

viţel

niu du

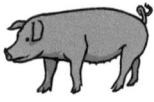

porc

zhu

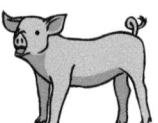

purcel

xiao zhu

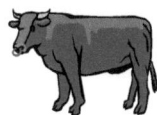

taur

gong niu

găină

e

rață

ya

pui

xiao ji

găină

mu ji

cocoș

gong ji

șobolan

shu

pisică

mao

șoarece

lao shu

bou

niu

câine

gou

cușcă

gou wu

furtun de grădină

hua yuan jiao shui ruan guan

stropitoare

sa shui hu

coasă

chang bing da lian dao

plug

li

seceră

lian dao

sapă

chu tou

furcă

chang bing cao pa

secure

fu tou

roabă

du lun shou tui che

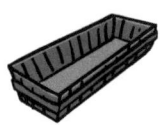

troacă

si liao cao

cană pentru lapte

niu nai guan

sac

ma bu dai

gard

zha lan

grajd

ma jiu

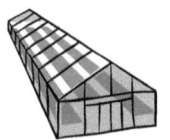

seră

wen shi

sol

tu rang

sămânță

zhong zi

fertilizator

fei liao

combină de treierat

lian he shou ge ji

a culege
shou ge

recoltă
shou ge

cartof yam
shan yao

grâu
xiao mai

soia
da dou

cartof
tu dou

porumb
yu mi

rapiță
you cai zi

pom fructifer
guo shu

manioc
shu shu

cereale
gu wu

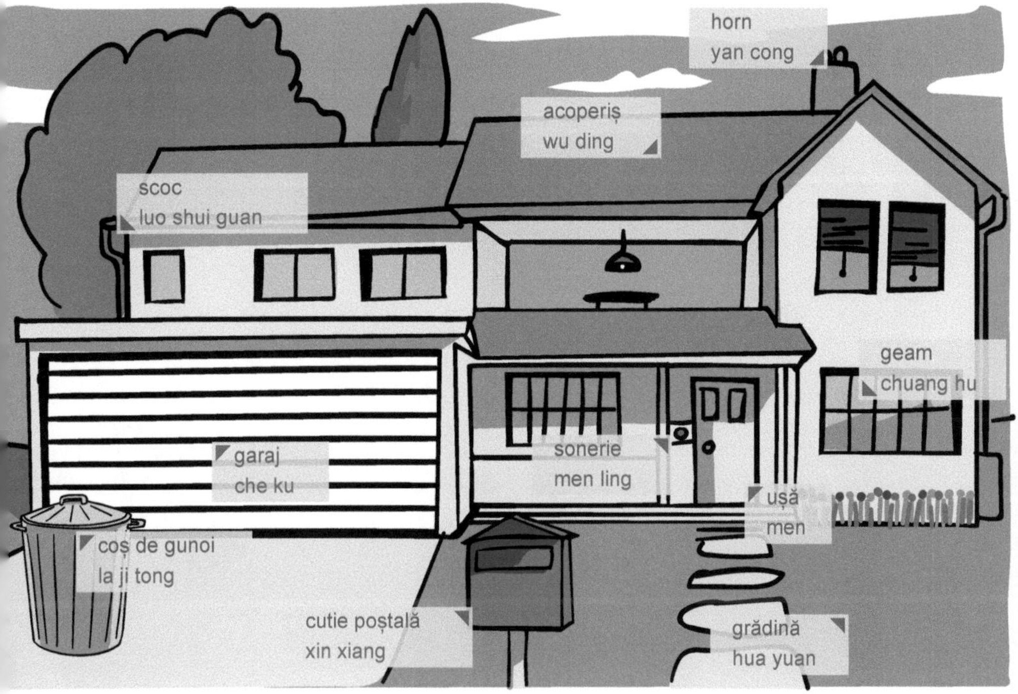

horn
yan cong

acoperiș
wu ding

scoc
luo shui guan

geam
chuang hu

garaj
che ku

sonerie
men ling

ușă
men

coș de gunoi
la ji tong

cutie poștală
xin xiang

grădină
hua yuan

cameră de zi

ke ting

baie

yu shi

bucătărie

chu fang

dormitor

wo shi

camera copiilor

er tong fang

sufragerie

can ting

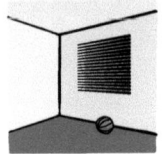

podea

di ban

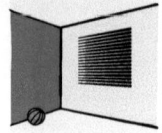

perete

qiang bi

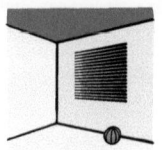

tavan

diao ding

pivniță

di jiao

saună

sang na

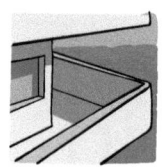

balcon

yang tai

terasă

lu tai

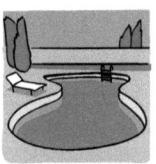

piscină

you yong chi

mașină de tuns iarba

ge cao ji

cearșaf

bei dan

cuvertură

chuang zhao

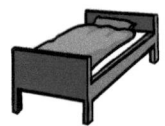

pat

chuang

mătură

sao zhou

găleată

shui tong

întrerupător

kai guan

camera de zi

ke ting

tapet
bi zhi
pictură
zhao pian
lampă
tai deng
raft
ge jia
dulap
chu gui
televizor
dian shi ji
șemineu
bi lu
floare
hua
pernă
dian zi
sofa
sha fa
vază
hua ping
telecomandă
yao kong qi

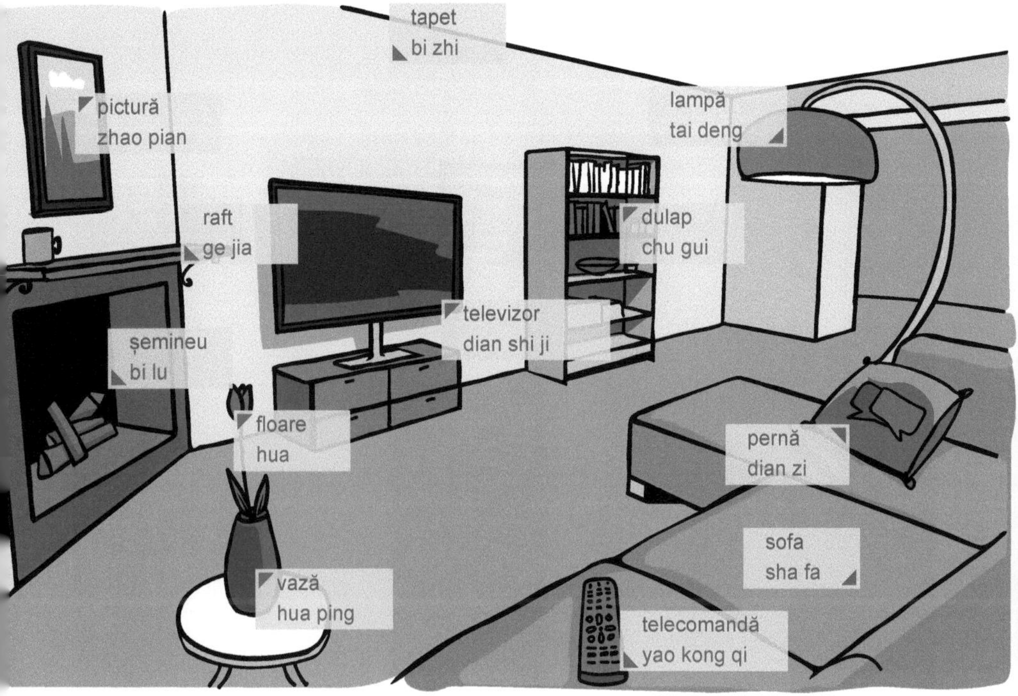

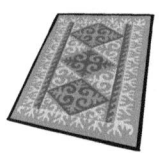

covor

di tan

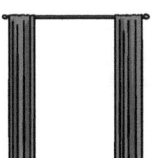

perdea

chuang lian

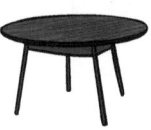

masă

can zhuo

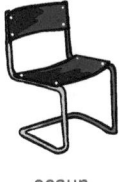

scaun

yi zi

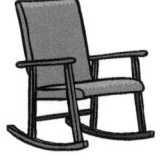

balansoar

yao yi

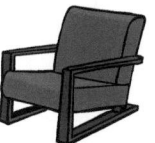

fotoliu

fu shou yi

carte

shu

pătură

tan zi

decoraţiune

zhuang shi pin

lemn de foc

mu chai

film

dian ying

instalaţie stereo

gao bao zhen yin xiang

cheie

yao shi

ziar

bao zhi

desen

you hua

poster

hai bao

radio

shou yin ji

caiet de notiţe

bi ji ben

aspirator

xi chen qi

cactus

xian ren zhang

lumânare

la zhu

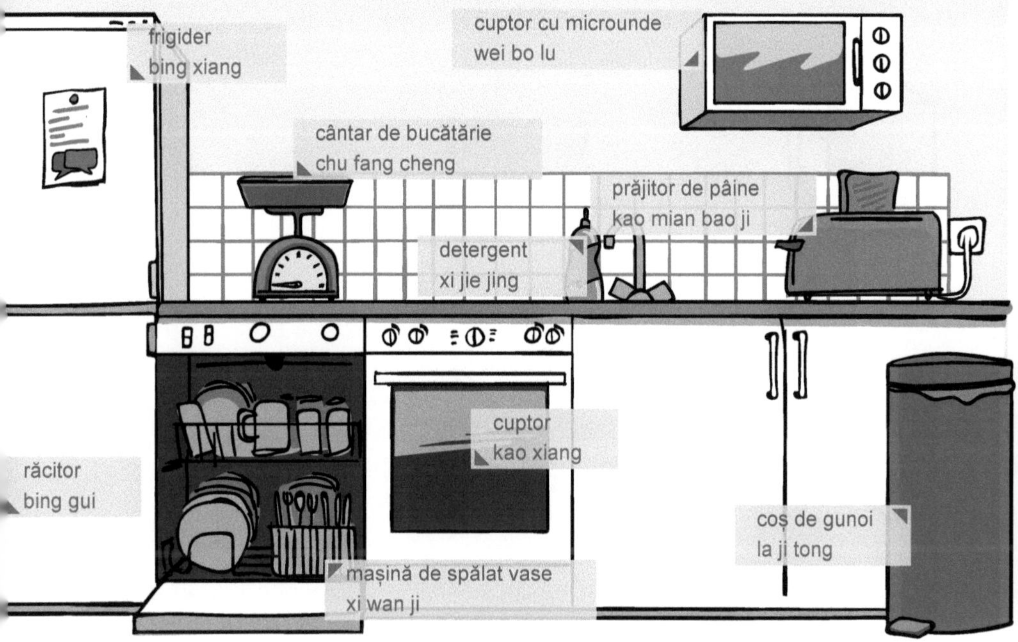

frigider
bing xiang

cuptor cu microunde
wei bo lu

cântar de bucătărie
chu fang cheng

prăjitor de pâine
kao mian bao ji

detergent
xi jie jing

răcitor
bing gui

cuptor
kao xiang

coș de gunoi
la ji tong

mașină de spălat vase
xi wan ji

cuptor
chui ju

oală
guo

oală de metal
zhu tie guo

wok/kadai
sha guo

tigaie
ping di guo

ceainic
shui hu

oală de gătit cu aburi

zheng guo

tavă de copt

kao pan

veselă

tao ci guo

pahar

ma ke bei

bol

wan

bețișoare

kuai zi

polonic

chang bing shao

spatulă

chan zi

tel

jiao ban qi

sită

lü wang

sită

shai zi

răzătoare

mo sui ji

mojar

yan bo

grătar

shao kao

loc pentru grătar

ming huo

tocător

cai ban

sucitor

gan mian zhang

tirbușon

kai ping qi

conservă

guan zi

deschizător de conserve

kai ping qi

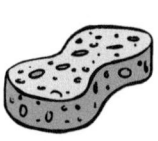

șervete termice

ge re shou tao

chiuvetă

shui cao

perie

shua zi

burete

hai mian

mixer

jiao ban ji

ladă frigorifică

leng cang xiang

biberon

nai ping

robinet

shui long tou

baie

yu shi

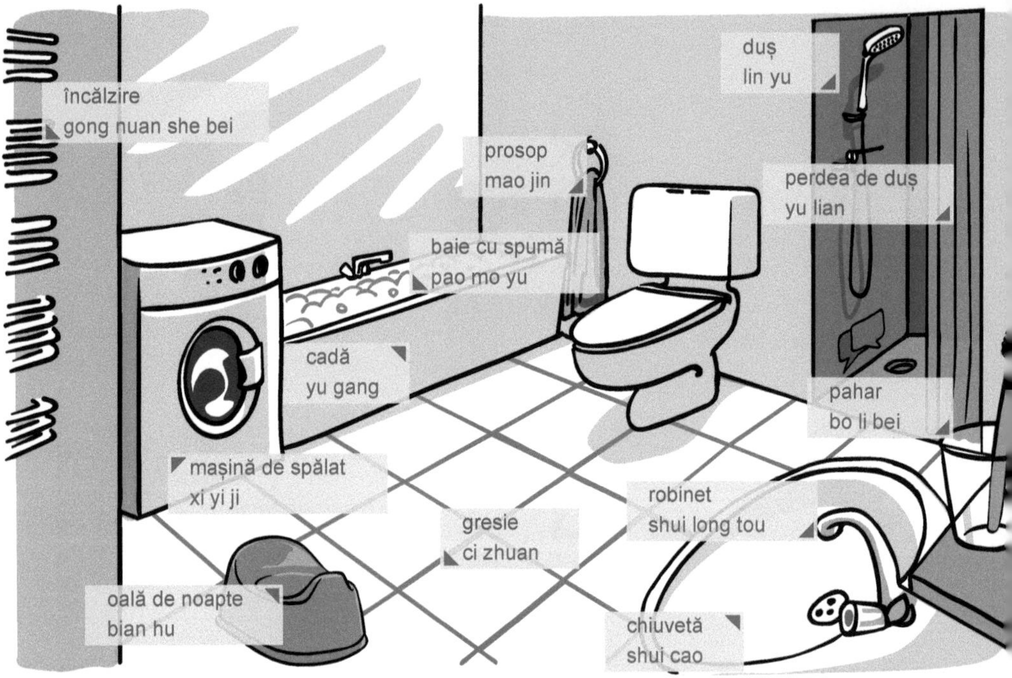
încălzire
gong nuan she bei
duș
lin yu
prosop
mao jin
perdea de duș
yu lian
baie cu spumă
pao mo yu
cadă
yu gang
pahar
bo li bei
mașină de spălat
xi yi ji
robinet
shui long tou
gresie
ci zhuan
oală de noapte
bian hu
chiuvetă
shui cao

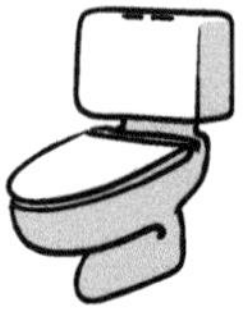

toaletă

ce suo

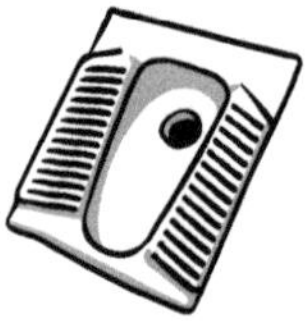

toaletă turcescă

dun bian qi

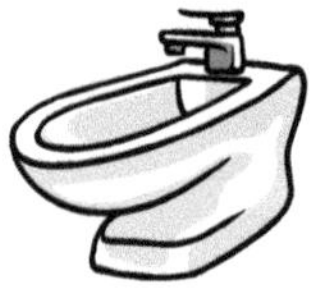

bideu

zuo yu qi

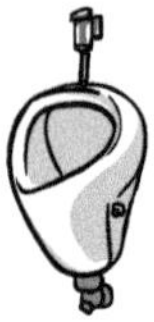

pisoir

xiao bian chi

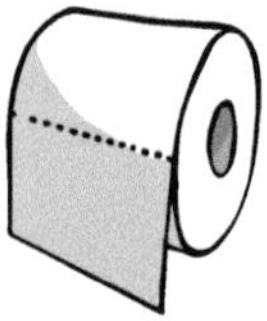

hârtie igienică

ce zhi

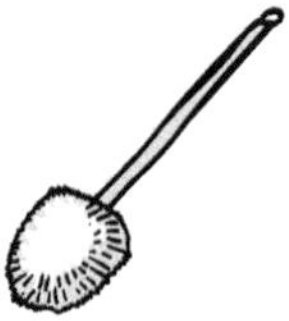

perie de toaletă

ma tong shua

periuță de dinți
ya shua

pastă de dinți
ya gao

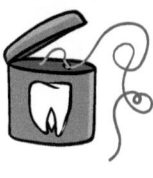

ață dentară
ya xian

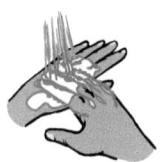

a spăla
xi

cap de duș
shou chi shi pen lin tou

duș intim
chong xi qi

lavoar
xi lian pen

perie pentru spate
ca bei shua

săpun
fei zao

gel de duș
mu yu lu

șampon
xi fa shui

cârpă de spălat
fa lan rong

scurgere
pai shui

cremă
ru shuang

deodorant
chu chou ji

baie - yu shi

oglindă

jing zi

oglindă cosmetică

shou jing

aparat de ras

ti xu dao

spumă de ras

ti xu pao mo

aftershave

xu hou shui

pieptene

shu zi

perie

shua zi

uscător de păr

chui feng ji

fixator

pen fa ding xing ji

machiaj

hua zhuang pin

ruj

chun gao

lac de unghii

zhi jia you

vată

hua zhuang mian

foarfece de unghii

zhi jia jian

parfum

xiang shui

neseser

xi shu bao

taburet

deng zi

cântar

ji zhong cheng

halat de baie

yu pao

mănuși de cauciuc

xiang jiao shou tao

tampon

wei sheng mian tiao

tampon

wei sheng jin

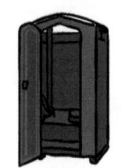

toaletă chimică

hua xue ce suo

camera copiilor

er tong fang

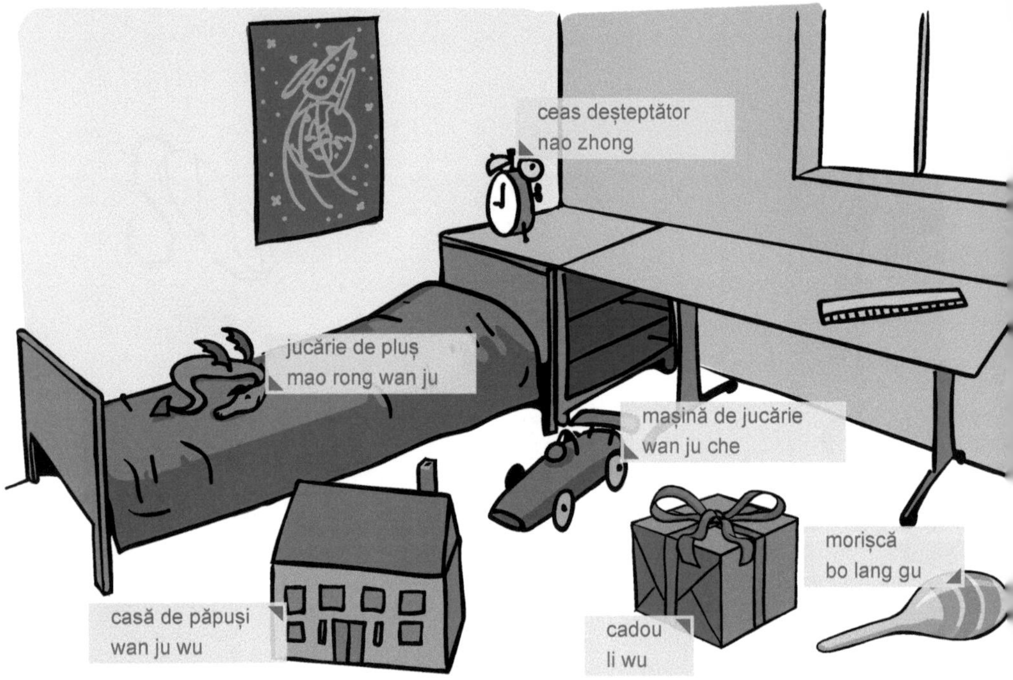

ceas deșteptător
nao zhong
jucărie de pluș
mao rong wan ju
mașină de jucărie
wan ju che
morișcă
bo lang gu
casă de păpuși
wan ju wu
cadou
li wu

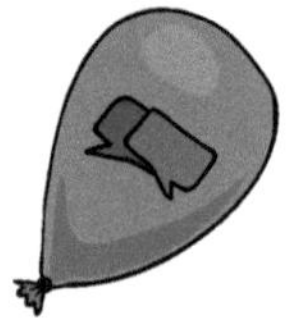

balon

qi qiu

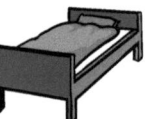

pat

chuang

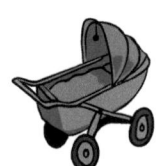

cărucior de copii

(yang wa wa yong)ying er che

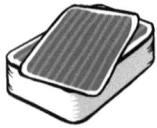

joc de cărți

pu ke pai

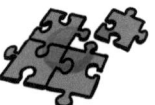

puzzle

pin tu

revistă de benzi desenate

man hua

cuburi lego

le gao ji mu

piese pentru construcţii

ji mu wan ju

personaj din filmele de acţiune

wan ju ren

body

ying er fu

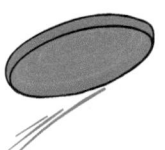

frisbee

fei pan

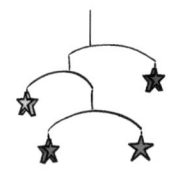

mobil

chuang ling wan ju

joc de societate

qi pan you xi

zar

shai zi

set trenuleţ de jucărie

huo che mo xing

suzetă

an fu nai zui

petrecere

ju hui

carte cu poze

hui ben

minge

qiu

păpuşă

yang wa wa

a se juca

wan

groapă de nisip

sha keng

leagăn

qiu qian

jucării

wan ju

consolă video

you xi ji

tricicletă

san lun che

ursuleț

tai di xiong

dulap

yi chu

îmbrăcăminte

yi fu

șosete

wa zi

ciorapi

chang wa

dres

jin shen ku

şal
wei jin

umbrelă
yu san

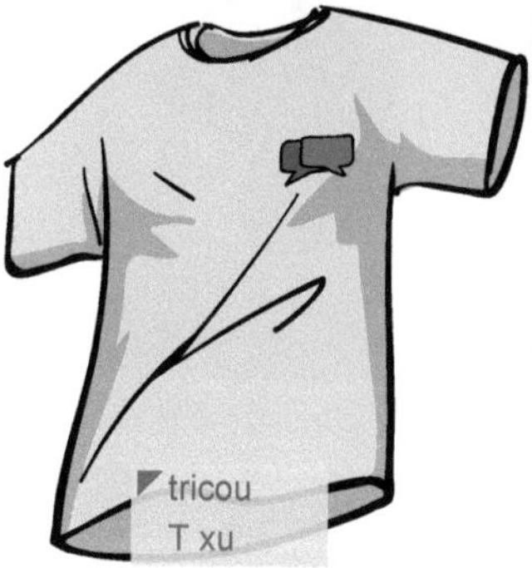

tricou
T xu

curea
pi dai

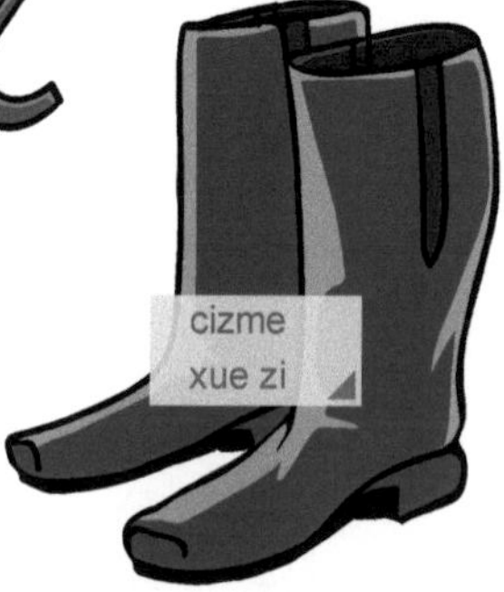

cizme
xue zi

papuci
tuo xie

pantofi sport
yun dong xie

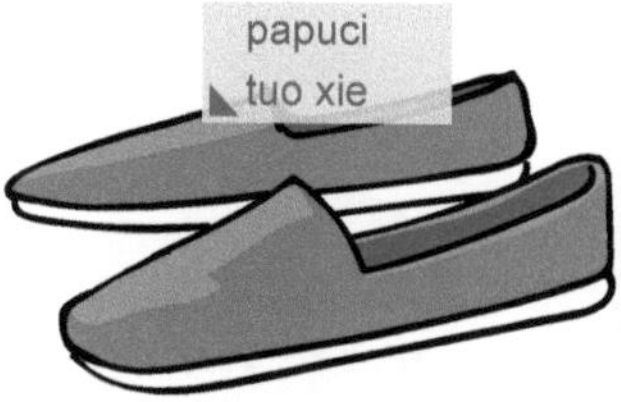

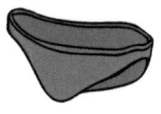

sandale

liang xie

încălţăminte

xie

cizme de cauciuc

yu xue

chilot

nei ku

sutien

xiong zhao

maiou

bei xin

body

shen ti

pantaloni

ku zi

blugi

niu zai ku

fustă

duan qun

bluză

nü shi chen shan

cămaşă

chen shan

pulover

tao tou shan

jerseu

wei yi

sacou

xi zhuang jia ke

jachetă

jia ke

palton

wai tao

pelerină de ploaie

yu yi

costum

tao zhuang

rochie

lian yi qun

rochie de mireasă

hun sha

costum

xi zhuang

cămașă de noapte

shui pao

pijama

shui yi

sari

sha li

batic

tou jin

turban

bao tou jin

burka

bo ka

caftan

ka fu tan

abaya

(a la bo shi)chang pao

costum de baie

yong yi

șort

nan shi yong ku

pantaloni scurți

duan ku

trening

yun dong fu

șorț

wei qun

mănuși

shou tao

nasture

niu kou

ochelari

yan jing

brățară

shou lian

lanț

xiang lian

inel

jie zhi

cercel

er huan

căciulă

bian mao

umeraș

yi jia

pălărie

mao zi

cravată

ling dai

fermoar

la lian

cască

tou kui

bretele

bei dai

uniformă școlară

xiao fu

uniformă

zhi fu

bavețică
....
wei dou

suzetă
....
an fu nai zui

scutec
....
niao bu shi

birou
ban gong shi

server
fu wu qi

dulap de acte
wen jian gui

imprimantă
da yin ji

hârtie
zhi

monitor
xian shi ping

masă de birou
ban gong zhuo

mouse
shu biao

fișier
wen jian jia

tastatură
jian pan

coș de gunoi
fei zhi kuang

computer
dian nao

scaun
yi zi

ceașcă de cafea
....
ka fei bei

calculator
....
ji suan qi

internet
....
yin te wang

laptop

bi ji ben dian nao

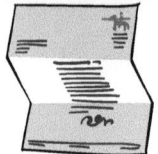

scrisoare

xin jian

mesaj

xiao xi

telefon mobil

shou ji

rețea

wang luo

copiator

fu yin ji

software

ruan jian

telefon

dian hua

priză

cha zuo

fax

chuan zhen ji

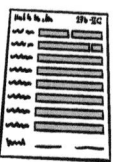

formular

biao ge

document

wen jian

a cumpăra

mai

a plăti

fu qian

a face comerț

jiao yi

bani

xian jin

Dolar

mei yuan

Euro

ou yuan

Yen

ri yuan

Rublă

lu bu

Franc Elvețian

rui shi fa lang

renminbi yuan

ren min bi

Rupie

lu bi

bancomat

ti kuan chu

casă de schimb valutar

wai bi dui huan chu

aur

jin

argint

yin

petrol

shi you

energie

neng yuan

preţ

jia ge

contract

he tong

impozit

shui jin

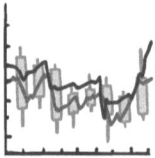

acţiune

gu piao

a munci

gong zuo

angajat

zhi yuan

angajator

lao ban

fabrică

gong chang

magazin

shang dian

polițist
jing guan

pompier
xiao fang yuan

bucătar
chu shi

medic
yi sheng

pilot
fei xing yuan

grădinar
yuan ding

tâmplar
mu jiang

cusătoreasă
cai feng

judecător
fa guan

chimist
hua xue jia

actor
yan yuan

șofer de autobuz

gong jiao che si ji

șofer de taxi

chu zu che si ji

pescar

yu fu

femeie de serviciu

qing jie nü gong

tinichigiu

wu ding gong

chelnăr

fu wu yuan

vânător

lie ren

pictor

hua jia

brutar

mian bao shi

electrician

dian gong

muncitor în construcții

jian zhu gong ren

inginer

gong cheng shi

măcelar

tu fu

instalator

shui guan gong

poștaș

you di yuan

soldat

shi bing

arhitect

jian zhu shi

casier

shou yin yuan

florar

hua nong

frizer

li fa shi

controlor

shou piao yuan

mecanic

ji xie shi

căpitan

chuan zhang

stomatolog

ya yi

om de ştiinţă

ke xue jia

rabin

la bi

imam

yi ma mu

călugăr

he shang

preot

mu shi

instrumente

gong ju

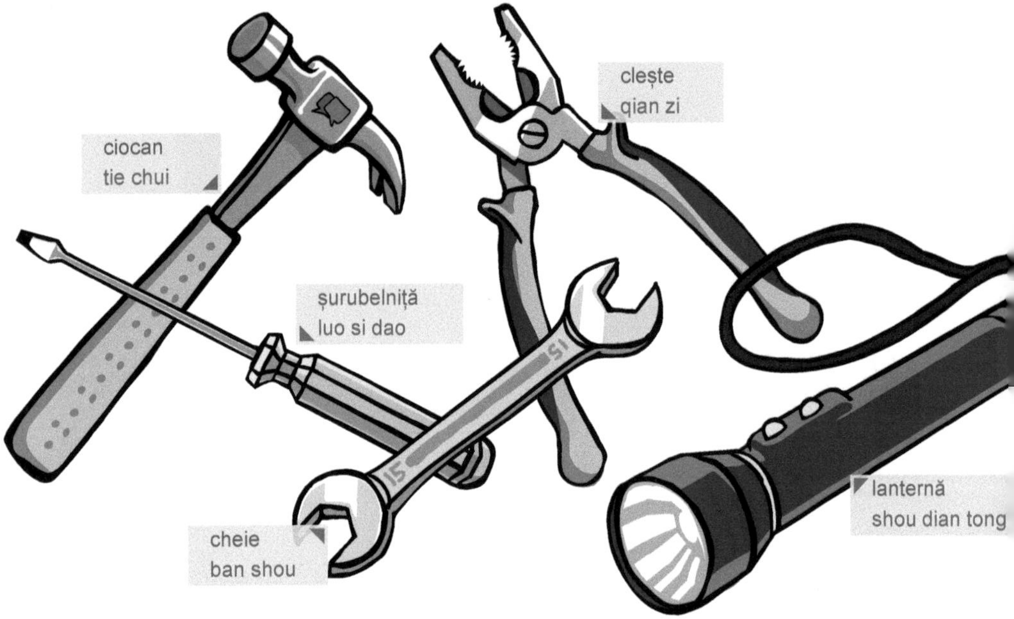

ciocan
tie chui
clește
qian zi
șurubelniță
luo si dao
cheie
ban shou
lanternă
shou dian tong

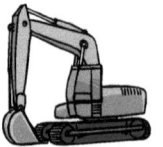

excavator

wa jue ji

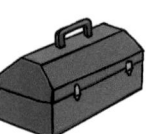

cutie de scule

gong ju xiang

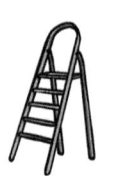

scară

ti zi

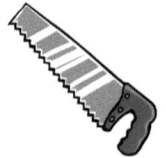

ferăstrău

ju zi

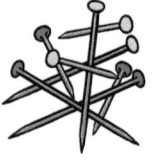

cuie

ding zi

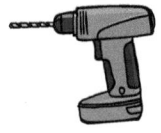

burghiu

zuan ji

a repara

xiu

lopată

chan zi

La naiba!

kao!

făraș

bo ji

vas pentru vopsea

you qi tong

șuruburi

luo si

instrumente muzicale

yue qi

set tobe
da ji yue qi

difuzor
yang sheng qi

chitară
ji ta

contrabas
di yin ti qin

trompetă
xiao hao

pian

gang qin

vioară

xiao ti qin

bas

bei si

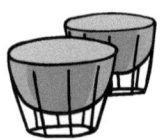

trombon

ding yin gu

tobă

gu

keyboard

dian zi qin

saxofon

sa ke si guan

fluier

chang di

microfon

mai ke feng

grădină zoologică

dong wu yuan

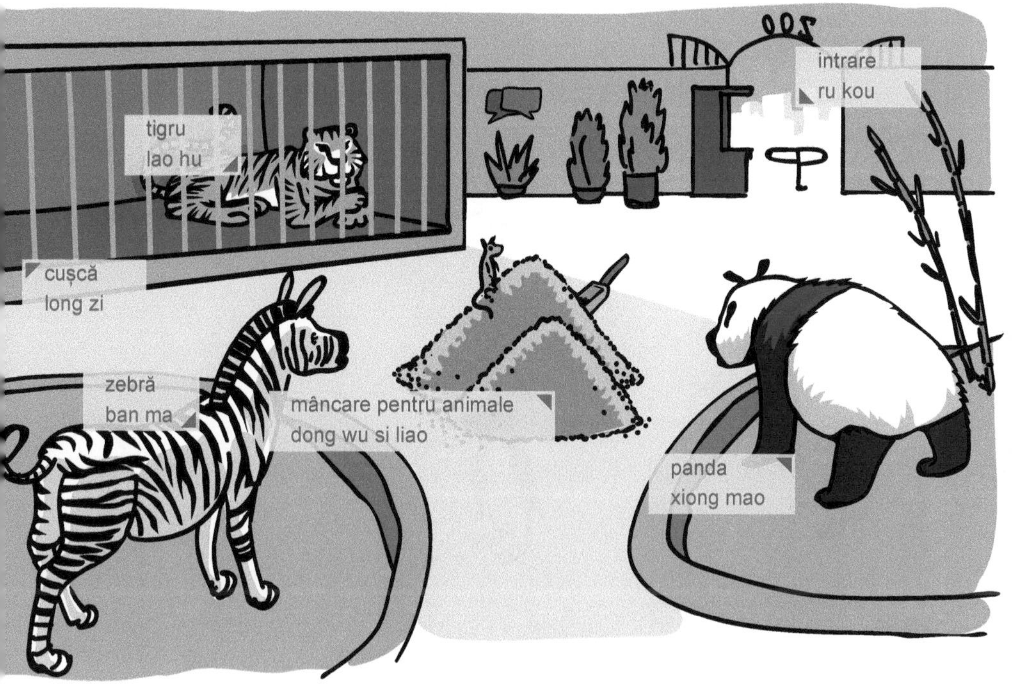
intrare
ru kou
tigru
lao hu
cușcă
long zi
zebră
ban ma
mâncare pentru animale
dong wu si liao
panda
xiong mao

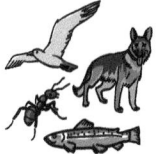

animale
dong wu

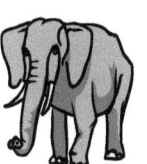

elefant
da xiang

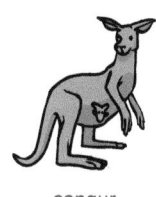

cangur
dai shu

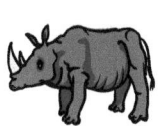

rinocer
xi niu

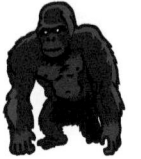

gorilă
da xing xing

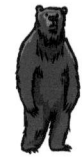

urs
xiong

cămilă

luo tuo

struț

tuo niao

leu

shi zi

maimuță

hou zi

flamingo

huo lie niao

papagal

ying wu

urs polar

bei ji xiong

pinguin

qi e

rechin

sha yu

păun

kong que

șarpe

she

crocodil

e yu

îngrijitor grădina zoologică

dong wu yuan guan li yuan

focă

hai bao

jaguar

mei zhou bao

ponei

ai zhong ma

leopard

bao

hipopotam

he ma

girafă

chang jing lu

acvilă

lao ying

porc mistreț

ye zhu

pește

yu

broască țestoasă

gui

morsă

hai xiang

vulpe

hu li

gazelă

ling yang

fotbal american
gan lan qiu

ciclism
qi zi xing che

tenis
wang qiu

basketball
lan qiu

înot
you yong

box
quan ji

hockey pe gheaţă
bing qiu

fotbal
ying shi zu qiu

badminton
yu mao qiu

atletism
tian jing

handbal
shou qiu

schi
hua xue

polo
ma qiu

activități
huo dong

a sări
tiao
a îmbrățișa
yong bao
a râde
xiao
a merge
zou lu
a cânta
chang
a visa
zuo meng
a se ruga
qi dao
a săruta
qin wen

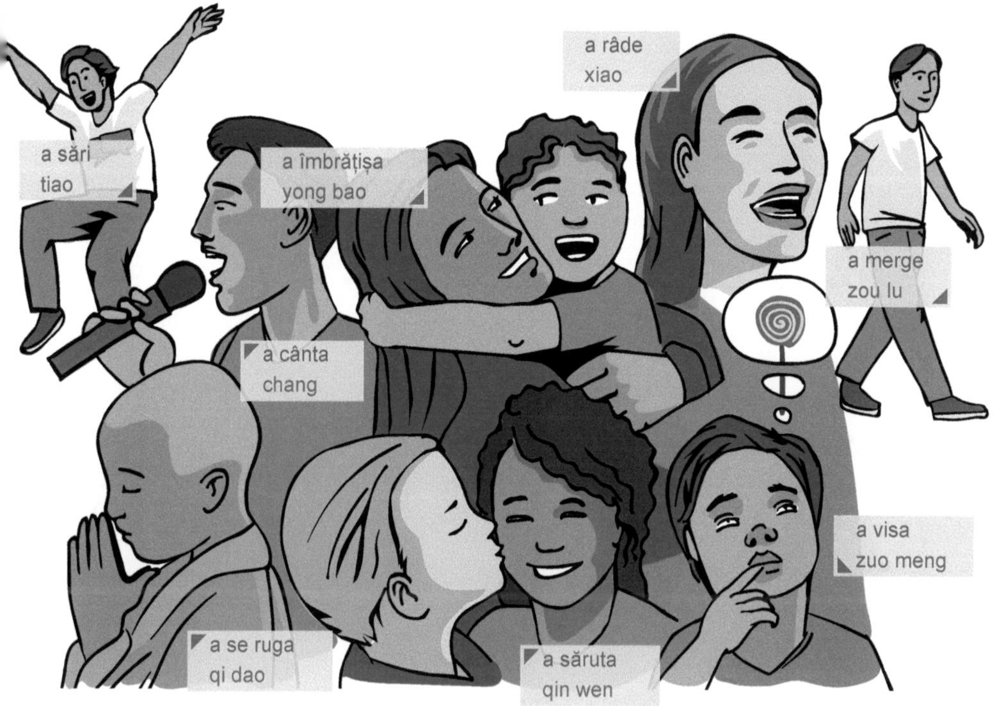

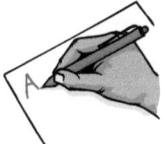

a scrie

shu xie

a desena

hua

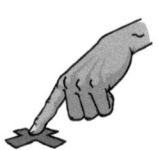

a arăta

zhan shi

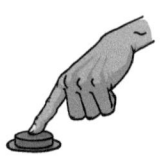

a împinge

tui

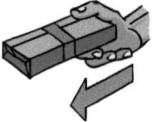

a da

gei

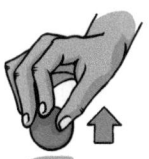

a lua

na

a avea
you

a face
zuo

a fi
dang

a sta în picioare
zhan

a fugi
pao

a trage
la

a arunca
reng

a cădea
shuai dao

a sta întins
tang

a aștepta
deng dai

a purta
xie dai

a ședea
zuo

a se îmbrăca
chuan yi

a dormi
shui jiao

a se trezi
xing lai

a privi
kan

a plânge
ku

a mângâia
fu mo

a se pieptăna
shu tou

a vorbi
jiao tan

a înţelege
ming bai

a întreba
wen

a asculta
ting

a bea
he

a mânca
chi

a face ordine
qing li

a iubi
ai

a găti
zuo fan

a conduce
kai che

a zbura
fei

a naviga

hang xing

a calcula

ji suan

a citi

du

a învăța

xue xi

a munci

gong zuo

a se căsători

jie hun

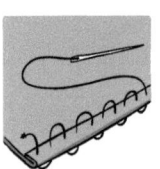

a coase

feng

a se spăla pe dinți

shua ya

a ucide

sha

a fuma

chou yan

a trimite

ji

bunică
zu mu

bunic
zu fu

tată
fu qin

mamă
mu qin

bebeluș
ying tong

soră
nü er

fiu
er zi

oaspete
....
ke ren

mătușă
....
a yi

unchi
....
shu shu

frate
....
xiong di

soră
....
jie mei

corp
shen ti

frunte
qian e
ochi
yan jing
umăr
jian bang
deget
shou zhi
față
lian
bărbie
xia ba
mână
shou
picior
tui
piept
ru fang
braț
shou bi

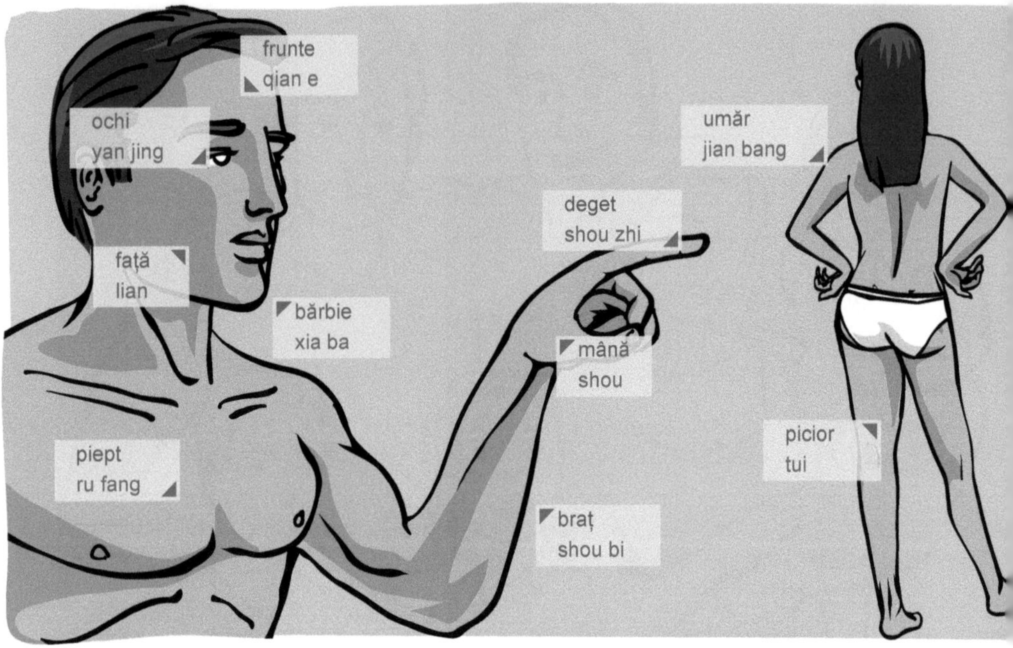

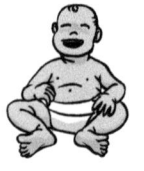

bebeluș

ying tong

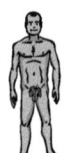

bărbat

nan ren

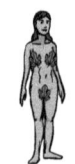

femeie

nü ren

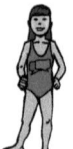

fată

nü hai

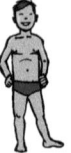

băiat

nan hai

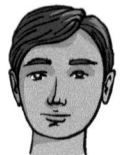

cap

tou

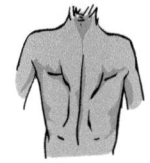

spate

bei bu

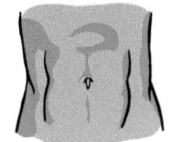

abdomen

du zi

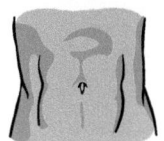

ombilic

du qi

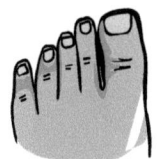

deget de la picior

jiao zhi

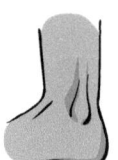

călcâi

jiao hou gen

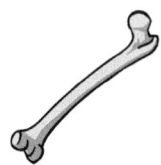

os

gu tou

șold

tun bu

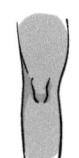

genunchi

xi gai

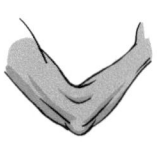

cot

shou zhou

nas

bi zi

fund

pi gu

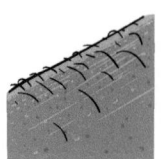

piele

pi fu

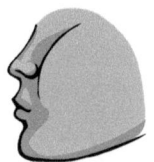

obraz

lian jia

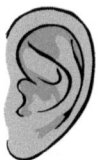

ureche

er duo

buză

zui chun

gură
....
zui

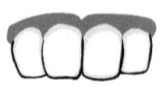

dinte
....
ya chi

limbă
....
she tou

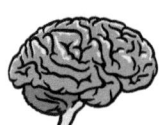

creier
....
nao

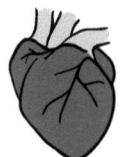

inimă
....
xin zang

mușchi
....
ji rou

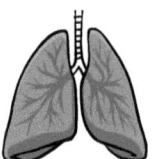

plămân
....
fei

ficat
....
gan zang

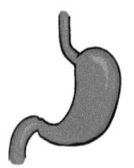

stomac
....
wei

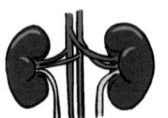

rinichi
....
shen zang

sex
....
xing jiao

prezervativ
....
bi yun tao

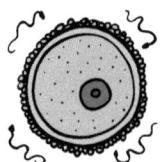

ovul
....
luan zi

spermă
....
jing zi

sarcină
....
huai yun

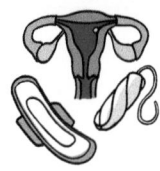

menstruaţie

yue jing

vagin

yin dao

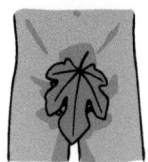

penis

yin jing

sprânceană

mei mao

păr

tou fa

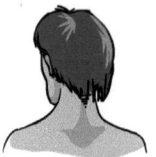

gât

bo zi

corp - shen ti

spital

yi yuan

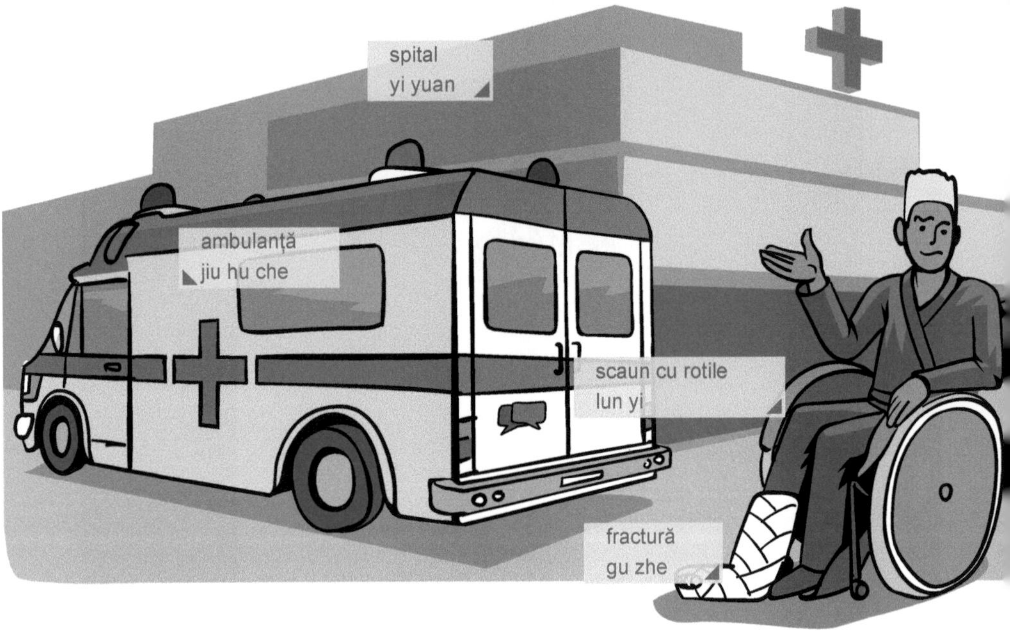

spital
yi yuan
ambulanță
jiu hu che
scaun cu rotile
lun yi
fractură
gu zhe

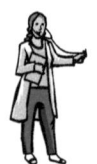

medic

yi sheng

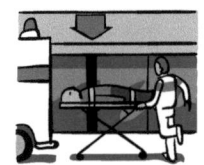

unitate de primiri urgențe

ji zhen shi

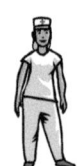

soră medicală

hu shi

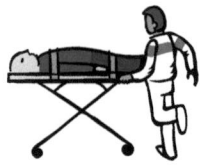

urgență

jin ji qing kuang

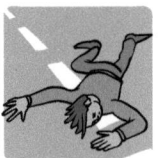

inconștient

hun mi

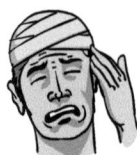

durere

tong

leziune

shou shang

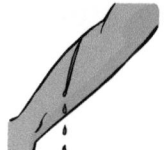

sângerare

chu xue

infarct miocardic

xin zang bing fa zuo

atac cerebral

zhong feng

alergie

guo min

tuse

ke sou

febră

fa shao

gripă

liu gan

diaree

fu xie

durere de cap

tou tong

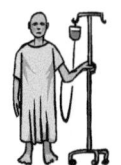

cancer

ai zheng

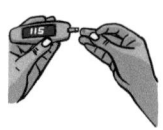

diabet

tang niao bing

chirurg

wai ke yi sheng

scalpel

shou shu dao

operație

shou shu

CT
CT

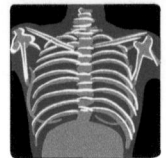

raze Röntgen
X guang

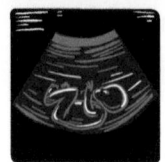

ultrasunet
chao sheng bo

mască
kou zhao

boală
ji bing

sală de așteptare
hou zhen shi

cârjă
guai zhang

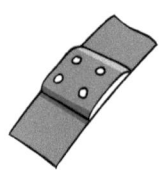

plasture
shi gao

bandaj
beng dai

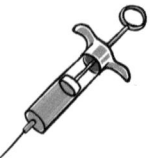

injecție
zhu she

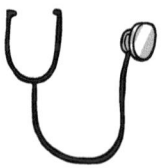

stetoscop
ting zhen qi

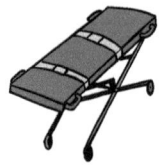

targă
dan jia

termometru
ti wen ji

naștere
chu sheng

supraponderabilitate
chao zhong

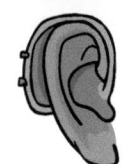

aparat auditiv

zhu ting qi

dezinfectant

xiao du ye

infecţie

gan ran

virus

bing du

HIV/SIDA

ai zi bing

medicină

yao wu

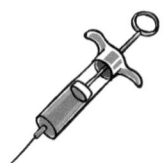

vaccin

jie zhong yi miao

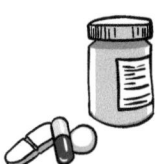

tablete

yao pian

pastilă

yao wan

apel de urgenţă

ji jiu dian hua

aparat de măsurare a
presiunii arteriale

xue ya ji

bolnav/sănătos

sheng bing/jian kang

Ajutor!

jiu ming!

alarmă

jing bao

agresiune

tu ji

atac

gong ji

pericol

wei xian

ieșire de urgență

jin ji chu kou

Foc!

zhao huo la!

extinctor

mie huo qi

accident

yi wai

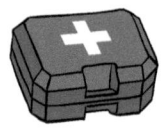

trusă de prim-ajutor

ji jiu xiang

SOS

hu jiu xin hao

poliție

jing cha

Europa

ou zhou

America de Nord

bei mei zhou

America de Sud

nan mei zhou

Africa

fei zhou

Asia

ya zhou

Australia

ao zhou

Altantic

da xi yang

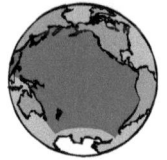

Pacific

tai ping yang

Oceanul Indian

yin du yang

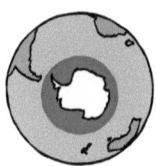

Oceanul Antarctic

nan bing yang

Oceanul Arctic

bei bing yang

Polul Nord

bei ji

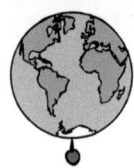

Polul Sud

nan ji

Antarctica

nan ji zhou

pământ

di qiu

ţară

lu di

mare

hai

insulă

dao

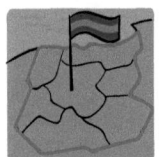

naţiune

guo jia

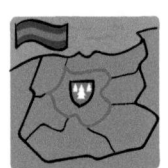

stat

guo jia

cadran

zhong mian

orar

shi zhen

minutar

fen zhen

secundar

miao zhen

Cât e ceasul?

xian zai ji dian?

zi

tian

timp

shi jian

acum

xian zai

cead digital

dian zi biao

minut

fen

oră

shi

săptămână

zhou

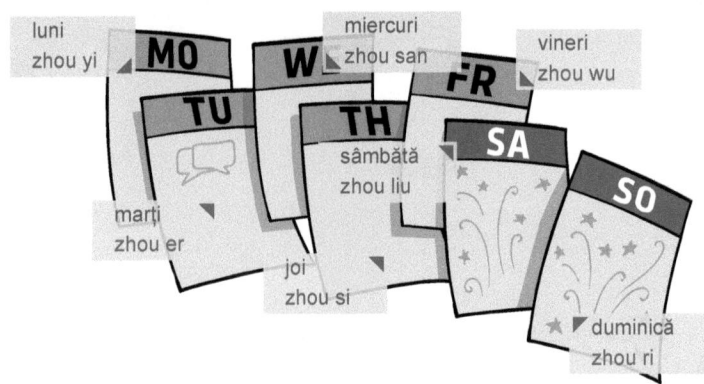

luni
zhou yi

miercuri
zhou san

vineri
zhou wu

marți
zhou er

sâmbătă
zhou liu

joi
zhou si

duminică
zhou ri

ieri

zuo tian

azi

jin tian

mâine

ming tian

dimineață

zao chen

amiază

zhong wu

seară

wan shang

MO	TU	WE	TH	FR	SA	SU
1	2	3	4	5	6	7
8	9	10	11	12	13	14
15	16	17	18	19	20	21
22	23	24	25	26	27	28
29	30	31	1	2	3	4

zile lucrătoare

gong zuo ri

MO	TU	WE	TH	FR	SA	SU
1	2	3	4	5	6	7
8	9	10	11	12	13	14
15	16	17	18	19	20	21
22	23	24	25	26	27	28
29	30	31	1	2	3	4

week-end

zhou mo

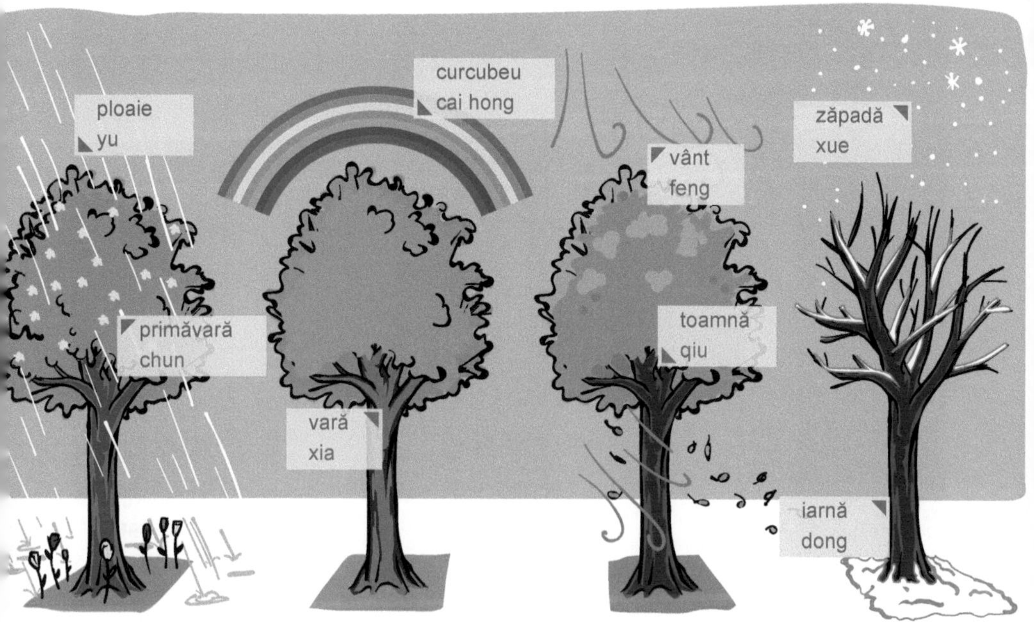

ploaie
yu

curcubeu
cai hong

vânt
feng

zăpadă
xue

primăvară
chun

toamnă
qiu

vară
xia

iarnă
dong

4.APRIL	11°	☀
5.APRIL	4°	⛅
6.APRIL	13°	🌧
7.APRIL	8°	☀
8.APRIL	10°	❄

prognoză meteo

tian qi yu bao

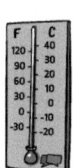

termometru

wen du ji

lumina soarelui

yang guang

nor

yun

ceață

wu

umiditate a aerului

chao shi

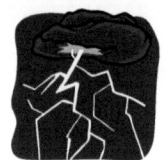

fulger

shan dian

tunet

da lei

furtună

feng bao

grindină

bing bao

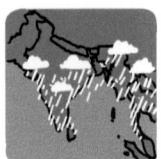

muson

ji feng

inundație

hong shui

gheață

bing

ianuarie

yi yue

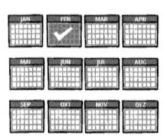

februarie

er yue

martie

san yue

aprilie

si yue

mai

wu yue

iunie

liu yue

iulie

qi yue

august

ba yue

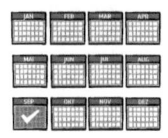

septembrie

jiu yue

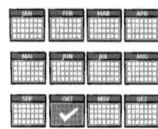

octombrie

shi yue

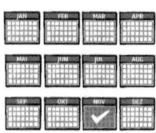

noiembrie

shi yi yue

decembrie

shi er yue

forme

xing zhuang

cerc

yuan xing

pătrat

zheng fang xing

dreptunghi

chang fang xing

triunghi

san jiao xing

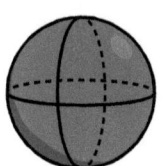

sferă

qiu ti

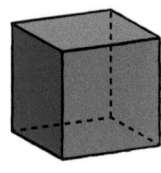

cub

li fang ti

alb

bai

galben

huang

portocaliu

cheng

roz

fen

roșu

hong

violet

zi

albastru

lan

verde

lü

maro

zong

gri

hui

negru

hei

mult/puțin

hen duo/shao xu

furios/calm

sheng qi/ping jing

frumos/urât

mei/chou

început/sfârșit

shou/wei

mare/mic

da/xiao

luminos/întunecat

ming/an

frate/soră

xiong di/jie mei

curat/murdar

gan jing/ang zang

complet/incomplet

wan zheng/que shi

zi/noapte

bai tian/wan shang

mort/viu

si/sheng

lat/strâmt

kuan/zhai

comestibil/necomestibil

ke shi yong/fei shi yong

rău/prietenos

xie e/shan liang

emoționat/plictisit

xing fen/wu liao

gras/slab

pang/shou

primul/ultimul

di yi/zui hou

prieten/inamic

peng you/di ren

plin/gol

man/kong

tare/moale

ying/ruan

greu/ușor

zhong/qing

foame/sete

e/ke

bolnav/sănătos

sheng bing/jian kang

ilegal/legal

fei fa/he fa

inteligent/stupid

cong ming/yu ben

stânga/dreapta

zuo/you

aproape/departe

jin/yuan

nou/uzat

xin/jiu

nimic/ceva

mei you/you xie

bătrân/tânăr

lao/you

pornit/oprit

kai/guan

deschis/închis

da kai/he shang

încet/tare

an jing/chao nao

bogat/sărac

fu/qiong

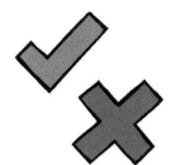

corect/fals

dui/cuo

aspru/neted

cu cao/guang hua

trist/fericit

shang xin/gao xing

lung/scurt

duan/chang

încet/repede

man/kuai

ud/uscat

shi/gan

cald/rece

wen nuan/liang shuang

război/pace

zhan zheng/he ping

0

zero

ling

1

unu

yi

2

doi

er

3

trei

san

4

patru

si

5

cinci

wu

6

șase

liu

7

șapte

qi

8

opt

ba

9

nouă

jiu

10

zece

shi

11

unsprezece

shi yi

12

douăsprezece

shi er

13

treisprezece

shi san

14

paisprezece

shi si

15

cincisprezece

shi wu

16

șaisprezece

shi liu

17

șaptesprezece

shi qi

18

optsprezece

shi ba

19

nouăsprezece

shi jiu

20

douăzeci

er shi

100

o sută

bai

1.000

o mie

qian

1.000.000

un milion

bai wan

engleză

ying yu

engleză americană

mei shi ying yu

chineza mandarină

pu tong hua

hindi

yin di yu

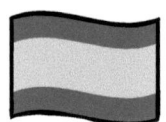

spaniolă

xi ban ya yu

franceză

fa yu

arabă

a la bo yu

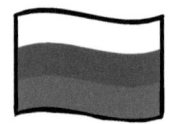

rusă

e yu

protugheză

pu tao ya yu

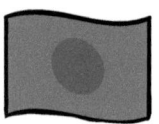

bengaleză

feng jia la yu

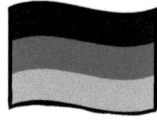

germană

de yu

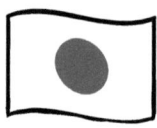

japoneză

ri yu

eu

wo

tu

ni

el/ea

ta/ta/ta

noi

wo men

voi

ni men

ea

ta men

cine?

shei?

ce?

shen me?

cum?

zen yang?

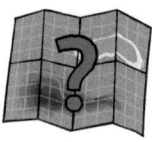

unde?

na li?

când?

shen me shi hou?

nume

ming zi

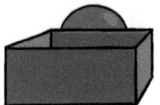

în spate

hou mian

în

li mian

înainte

qian mian

peste

shang fang

pe

shang mian

sub

xia mian

lângă

pang bian

între

zhong jian

loc

di dian